DIESES WOCHENPLANER GEHÖRT

____

____

____

WOCHENPLAN

KW:

WOCHENZIEL:

WOCHENAUFGABEN:

MONTAG

DIENSTAG

MITTWOCH

NICHT VERGESSEN:

DONNERSTAG

FREITAG

NÄCHSTE WOCHE:

SAMSTAG

SONNTAG

WOCHENPLAN

KW:

WOCHENZIEL:

MONTAG

DIENSTAG

MITTWOCH

DONNERSTAG

FREITAG

SAMSTAG

SONNTAG

WOCHENAUFGABEN:

NICHT VERGESSEN:

NÄCHSTE WOCHE:

WOCHENPLAN

KW:

WOCHENZIEL:

MONTAG

DIENSTAG

MITTWOCH

DONNERSTAG

FREITAG

SAMSTAG

SONNTAG

WOCHENAUFGABEN:

NICHT VERGESSEN:

NÄCHSTE WOCHE:

WOCHENPLAN

KW:

WOCHENZIEL:

MONTAG

DIENSTAG

MITTWOCH

DONNERSTAG

FREITAG

SAMSTAG

SONNTAG

WOCHENAUFGABEN:

NICHT VERGESSEN:

NÄCHSTE WOCHE:

WOCHENPLAN

KW:

WOCHENZIEL:

MONTAG

DIENSTAG

MITTWOCH

DONNERSTAG

FREITAG

SAMSTAG

SONNTAG

WOCHENAUFGABEN:

NICHT VERGESSEN:

NÄCHSTE WOCHE:

WOCHENPLAN

KW:

WOCHENZIEL:

WOCHENAUFGABEN:

MONTAG

DIENSTAG

MITTWOCH

NICHT VERGESSEN:

DONNERSTAG

FREITAG

NÄCHSTE WOCHE:

SAMSTAG

SONNTAG

WOCHENPLAN

KW:

WOCHENZIEL:

MONTAG

DIENSTAG

MITTWOCH

DONNERSTAG

FREITAG

SAMSTAG

SONNTAG

WOCHENAUFGABEN:

NICHT VERGESSEN:

NÄCHSTE WOCHE:

WOCHENPLAN

KW:

WOCHENZIEL:

WOCHENAUFGABEN:

MONTAG

DIENSTAG

MITTWOCH

NICHT VERGESSEN:

DONNERSTAG

FREITAG

SAMSTAG

NÄCHSTE WOCHE:

SONNTAG

WOCHENPLAN

KW:

WOCHENZIEL:

MONTAG

DIENSTAG

MITTWOCH

DONNERSTAG

FREITAG

SAMSTAG

SONNTAG

WOCHENAUFGABEN:

NICHT VERGESSEN:

NÄCHSTE WOCHE:

WOCHENPLAN

KW:

WOCHENZIEL:

MONTAG

DIENSTAG

MITTWOCH

DONNERSTAG

FREITAG

SAMSTAG

SONNTAG

WOCHENAUFGABEN:

NICHT VERGESSEN:

NÄCHSTE WOCHE:

WOCHENPLAN

KW:

WOCHENZIEL:

MONTAG

DIENSTAG

MITTWOCH

DONNERSTAG

FREITAG

SAMSTAG

SONNTAG

WOCHENAUFGABEN:

NICHT VERGESSEN:

NÄCHSTE WOCHE:

WOCHENPLAN

KW:

WOCHENZIEL:

WOCHENAUFGABEN:

MONTAG

DIENSTAG

MITTWOCH

NICHT VERGESSEN:

DONNERSTAG

FREITAG

SAMSTAG

NÄCHSTE WOCHE:

SONNTAG

WOCHENPLAN

KW:

WOCHENZIEL:

WOCHENAUFGABEN:

MONTAG

DIENSTAG

MITTWOCH

NICHT VERGESSEN:

DONNERSTAG

FREITAG

SAMSTAG

NÄCHSTE WOCHE:

SONNTAG

WOCHENPLAN

KW:

WOCHENZIEL:

WOCHENAUFGABEN:

MONTAG

DIENSTAG

MITTWOCH

NICHT VERGESSEN:

DONNERSTAG

FREITAG

SAMSTAG

NÄCHSTE WOCHE:

SONNTAG

WOCHENPLAN

KW:

WOCHENZIEL:

MONTAG

DIENSTAG

MITTWOCH

DONNERSTAG

FREITAG

SAMSTAG

SONNTAG

WOCHENAUFGABEN:

NICHT VERGESSEN:

NÄCHSTE WOCHE:

WOCHENPLAN

KW:

WOCHENZIEL:

MONTAG

DIENSTAG

MITTWOCH

DONNERSTAG

FREITAG

SAMSTAG

SONNTAG

WOCHENAUFGABEN:

NICHT VERGESSEN:

NÄCHSTE WOCHE:

WOCHENPLAN

KW:

WOCHENZIEL:

WOCHENAUFGABEN:

MONTAG

DIENSTAG

MITTWOCH

NICHT VERGESSEN:

DONNERSTAG

FREITAG

NÄCHSTE WOCHE:

SAMSTAG

SONNTAG

WOCHENPLAN

KW:

WOCHENZIEL:

WOCHENAUFGABEN:

MONTAG

DIENSTAG

MITTWOCH

NICHT VERGESSEN:

DONNERSTAG

FREITAG

NÄCHSTE WOCHE:

SAMSTAG

SONNTAG

WOCHENPLAN

KW:

WOCHENZIEL:

WOCHENAUFGABEN:

MONTAG

DIENSTAG

MITTWOCH

NICHT VERGESSEN:

DONNERSTAG

FREITAG

NÄCHSTE WOCHE:

SAMSTAG

SONNTAG

WOCHENPLAN

KW:

WOCHENZIEL:

WOCHENAUFGABEN:

MONTAG

DIENSTAG

MITTWOCH

NICHT VERGESSEN:

DONNERSTAG

FREITAG

SAMSTAG

NÄCHSTE WOCHE:

SONNTAG

WOCHENPLAN

KW:

WOCHENZIEL:

WOCHENAUFGABEN:

MONTAG

DIENSTAG

MITTWOCH

NICHT VERGESSEN:

DONNERSTAG

FREITAG

NÄCHSTE WOCHE:

SAMSTAG

SONNTAG

WOCHENPLAN

KW:

WOCHENZIEL:

WOCHENAUFGABEN:

MONTAG

DIENSTAG

MITTWOCH

NICHT VERGESSEN:

DONNERSTAG

FREITAG

SAMSTAG

NÄCHSTE WOCHE:

SONNTAG

WOCHENPLAN

KW:

WOCHENZIEL:

MONTAG

DIENSTAG

MITTWOCH

DONNERSTAG

FREITAG

SAMSTAG

SONNTAG

WOCHENAUFGABEN:

NICHT VERGESSEN:

NÄCHSTE WOCHE:

WOCHENPLAN

KW:

WOCHENZIEL:

WOCHENAUFGABEN:

MONTAG

DIENSTAG

MITTWOCH

NICHT VERGESSEN:

DONNERSTAG

FREITAG

NÄCHSTE WOCHE:

SAMSTAG

SONNTAG

WOCHENPLAN

KW:

WOCHENZIEL:

WOCHENAUFGABEN:

MONTAG

DIENSTAG

MITTWOCH

NICHT VERGESSEN:

DONNERSTAG

FREITAG

NÄCHSTE WOCHE:

SAMSTAG

SONNTAG

WOCHENPLAN

KW:

WOCHENZIEL:

WOCHENAUFGABEN:

MONTAG

DIENSTAG

MITTWOCH

NICHT VERGESSEN:

DONNERSTAG

FREITAG

NÄCHSTE WOCHE:

SAMSTAG

SONNTAG

WOCHENPLAN

KW:

WOCHENZIEL:

WOCHENAUFGABEN:

MONTAG

DIENSTAG

MITTWOCH

NICHT VERGESSEN:

DONNERSTAG

FREITAG

NÄCHSTE WOCHE:

SAMSTAG

SONNTAG

WOCHENPLAN

KW:

WOCHENZIEL:

MONTAG

DIENSTAG

MITTWOCH

DONNERSTAG

FREITAG

SAMSTAG

SONNTAG

WOCHENAUFGABEN:

NICHT VERGESSEN:

NÄCHSTE WOCHE:

WOCHENPLAN

KW:

WOCHENZIEL:

WOCHENAUFGABEN:

MONTAG

DIENSTAG

MITTWOCH

NICHT VERGESSEN:

DONNERSTAG

FREITAG

NÄCHSTE WOCHE:

SAMSTAG

SONNTAG

WOCHENPLAN

KW:

WOCHENZIEL:

MONTAG

DIENSTAG

MITTWOCH

DONNERSTAG

FREITAG

SAMSTAG

SONNTAG

WOCHENAUFGABEN:

NICHT VERGESSEN:

NÄCHSTE WOCHE:

WOCHENPLAN

KW:

WOCHENZIEL:

MONTAG

DIENSTAG

MITTWOCH

DONNERSTAG

FREITAG

SAMSTAG

SONNTAG

WOCHENAUFGABEN:

NICHT VERGESSEN:

NÄCHSTE WOCHE:

WOCHENPLAN

KW:

WOCHENZIEL:

MONTAG

DIENSTAG

MITTWOCH

DONNERSTAG

FREITAG

SAMSTAG

SONNTAG

WOCHENAUFGABEN:

NICHT VERGESSEN:

NÄCHSTE WOCHE:

WOCHENPLAN

KW:

WOCHENZIEL:

WOCHENAUFGABEN:

MONTAG

DIENSTAG

MITTWOCH

NICHT VERGESSEN:

DONNERSTAG

FREITAG

NÄCHSTE WOCHE:

SAMSTAG

SONNTAG

WOCHENPLAN

KW:

WOCHENZIEL:

MONTAG

DIENSTAG

MITTWOCH

DONNERSTAG

FREITAG

SAMSTAG

SONNTAG

WOCHENAUFGABEN:

NICHT VERGESSEN:

NÄCHSTE WOCHE:

WOCHENPLAN

KW:

WOCHENZIEL:

MONTAG

DIENSTAG

MITTWOCH

DONNERSTAG

FREITAG

SAMSTAG

SONNTAG

WOCHENAUFGABEN:

NICHT VERGESSEN:

NÄCHSTE WOCHE:

WOCHENPLAN

KW:

WOCHENZIEL:

WOCHENAUFGABEN:

MONTAG

DIENSTAG

MITTWOCH

NICHT VERGESSEN:

DONNERSTAG

FREITAG

NÄCHSTE WOCHE:

SAMSTAG

SONNTAG

WOCHENPLAN

<table>
<tr><td>

WOCHENZIEL:

MONTAG

DIENSTAG

MITTWOCH

DONNERSTAG

FREITAG

SAMSTAG

SONNTAG

</td><td>

KW:

WOCHENAUFGABEN:

NICHT VERGESSEN:

NÄCHSTE WOCHE:

</td></tr>
</table>

WOCHENPLAN

KW:

WOCHENZIEL:

WOCHENAUFGABEN:

MONTAG

DIENSTAG

MITTWOCH

NICHT VERGESSEN:

DONNERSTAG

FREITAG

NÄCHSTE WOCHE:

SAMSTAG

SONNTAG

WOCHENPLAN

KW:

WOCHENZIEL:

MONTAG

DIENSTAG

MITTWOCH

DONNERSTAG

FREITAG

SAMSTAG

SONNTAG

WOCHENAUFGABEN:

NICHT VERGESSEN:

NÄCHSTE WOCHE:

WOCHENPLAN

KW:

WOCHENZIEL:

MONTAG

DIENSTAG

MITTWOCH

DONNERSTAG

FREITAG

SAMSTAG

SONNTAG

WOCHENAUFGABEN:

NICHT VERGESSEN:

NÄCHSTE WOCHE:

WOCHENPLAN

KW:

WOCHENZIEL:

MONTAG

DIENSTAG

MITTWOCH

DONNERSTAG

FREITAG

SAMSTAG

SONNTAG

WOCHENAUFGABEN:

NICHT VERGESSEN:

NÄCHSTE WOCHE:

WOCHENPLAN

KW:

WOCHENZIEL:

MONTAG

DIENSTAG

MITTWOCH

DONNERSTAG

FREITAG

SAMSTAG

SONNTAG

WOCHENAUFGABEN:

NICHT VERGESSEN:

NÄCHSTE WOCHE:

WOCHENPLAN

KW:

WOCHENZIEL:

MONTAG

DIENSTAG

MITTWOCH

DONNERSTAG

FREITAG

SAMSTAG

SONNTAG

WOCHENAUFGABEN:

NICHT VERGESSEN:

NÄCHSTE WOCHE:

WOCHENPLAN

KW:

WOCHENZIEL:

MONTAG

DIENSTAG

MITTWOCH

DONNERSTAG

FREITAG

SAMSTAG

SONNTAG

WOCHENAUFGABEN:

NICHT VERGESSEN:

NÄCHSTE WOCHE:

WOCHENPLAN

KW:

WOCHENZIEL:

WOCHENAUFGABEN:

MONTAG

DIENSTAG

MITTWOCH

NICHT VERGESSEN:

DONNERSTAG

FREITAG

NÄCHSTE WOCHE:

SAMSTAG

SONNTAG

WOCHENPLAN

KW:

WOCHENZIEL:

MONTAG

DIENSTAG

MITTWOCH

DONNERSTAG

FREITAG

SAMSTAG

SONNTAG

WOCHENAUFGABEN:

NICHT VERGESSEN:

NÄCHSTE WOCHE:

WOCHENPLAN

KW:

WOCHENZIEL:

MONTAG

DIENSTAG

MITTWOCH

DONNERSTAG

FREITAG

SAMSTAG

SONNTAG

WOCHENAUFGABEN:

NICHT VERGESSEN:

NÄCHSTE WOCHE:

WOCHENPLAN

KW:

WOCHENZIEL:

WOCHENAUFGABEN:

MONTAG

DIENSTAG

MITTWOCH

NICHT VERGESSEN:

DONNERSTAG

FREITAG

NÄCHSTE WOCHE:

SAMSTAG

SONNTAG

WOCHENPLAN

KW:

WOCHENZIEL:

WOCHENAUFGABEN:

MONTAG

DIENSTAG

MITTWOCH

NICHT VERGESSEN:

DONNERSTAG

FREITAG

NÄCHSTE WOCHE:

SAMSTAG

SONNTAG

WOCHENPLAN

KW:

WOCHENZIEL:

WOCHENAUFGABEN:

MONTAG

DIENSTAG

MITTWOCH

NICHT VERGESSEN:

DONNERSTAG

FREITAG

NÄCHSTE WOCHE:

SAMSTAG

SONNTAG

WOCHENPLAN

KW:

WOCHENZIEL:

WOCHENAUFGABEN:

MONTAG

DIENSTAG

MITTWOCH

NICHT VERGESSEN:

DONNERSTAG

FREITAG

NÄCHSTE WOCHE:

SAMSTAG

SONNTAG

WOCHENPLAN

KW:

WOCHENZIEL:

MONTAG

DIENSTAG

MITTWOCH

DONNERSTAG

FREITAG

SAMSTAG

SONNTAG

WOCHENAUFGABEN:

NICHT VERGESSEN:

NÄCHSTE WOCHE: